Noelia Castellón

Dos Sombras Bajo el Sauce

EM
EDITORIAL

Edición © 2020 EM Editorial
Diseño de portada © 2020 E. Rodríguez y Juan Pedro Castellanos

emeditorialservices@gmail.com
www.emeditorialservices.com

Prólogo

No pocas personas me han preguntado por qué me gusta tanto leer a Nelly (Noelia), y mi respuesta siempre ha sido la misma: "Nunca logro penetrar tanto en el alma de un autor como lo hago con ella".

Con toda una vida dejando la piel de sus sentimientos en el camino, la autora de esta obra no repara en exteriorizar los sentimientos que muchos guardaríamos con celo profundo, lo que permite al lector encontrar ese divino arcoíris que nace y muere en su pluma, como si diese vida y matices a todo cuanto entra a través de sus pupilas, y eso es este maravilloso libro, porque ella piensa y siente sobre las cuartillas, como si en ello le fuera la vida misma; "[...] Cargo el pesar a un costado y la noche no se quiere ir".

Sueños, esperanzas, cada revés y cada victoria en la vida de la autora; la sonrisa inmaculada de un niño, la cristalizada mirada de un anciano, la humedad del amor y la ríspida aridez de la traición aparecen reflejados en sus versos, en cada línea de una prosa que se me antoja punzante e incisiva, cargada de verdades, de sus verdades, un manojo de sentimientos que se deslizan, por la gravedad, como las ramas del sauce que la baña con su sombra.

Tomás G. Coya

El presente es hoy

Cargo el pesar en un costado
y la noche no se quiere ir,
posibles recuerdos pueden venir...
resguardando lo recordado.
No estés ahí como ese ser inmaculado
si diste lo mejor de ti;
el presente es hoy
y nos asegura que todo en el tiempo está calculado.
La vida circulando como avispa en un pajar abandonado
deja escuchar a lo lejos, un sonido...
algo casi alucinado,
como un reflejo que la mente del ser humano no olvida
y llega el instante que salen los fantasiosos que te cuidan,
un disparo a lo alto en una nube pasajera,
cuerpo y mente no desesperan,
porque hoy se anidan.

Esta ilusión

Esta ilusión que brilla en lo alto
me hace subir tanto,
que muchas veces temo abrazarme
creyendo que eres tú,
y me despierto borracha de amor
tirada en un rincón
donde sólo quepamos dos.
Esta ilusión tan maravillosa
me hace llegar a ti todos los días,
me miras, y en tu mirar
sé que me hayas maravillosa todavía.

Quince lunas en una habitación

Plagios de tu mirada en mi cuerpo
vigilando noches sin estar en velas,
penetrando en mi gacela,
esa que tal vez ha muerto
deslumbrada ante lo cierto,
quiere el brillo de tu amorosa mirada,
de tu espacio ante mí abierto
y que te busca en lo recóndito del tiempo
sin hallar excusas,
sin que pueda dejar de sonreír,
porque no estoy ante tu amor confusa,
sólo llena de esplendor para sentir
esto que siento tan maravilloso,
deseo vivir de tus lunares, tus pupilas de luz,
quince lunas en una habitación llenas de gozo,
de olor a sexo complicado, pero deseado y exitoso,
olor a sexo de amanecer
en lunáticos instintos conjugados sin deber…
de sentir entre el existir tus dunas abriendo
el espacio de mi constelación a tu lado,
y borras entre sus plagios ese pasado de ti,
de mí, para vivir el presente sin silencios ya.
No creas exagerados que quiero abarcar
sentimientos tan fuertes
estrangulando impotencias en mi mente
y que sólo tú puedas
con tu amor hacer que vivamos sin contar los días
y amarnos para siempre.

¿Dónde te voy a encontrar?

En el suspiro de un beso
trágico y pasional,
devuélveme esas ganas
que las quiero estrenar.
Me voy con el aire nocturnal
de tu fragancia,
ya nada tiene su importancia,
¿dónde te voy a encontrar?

Santa, santa

¡Qué batallar en el mar!
Entre la ola y sus oleajes.
¡Qué triste es ver la luna sola!,
y triste es ver un oscuro paisaje.
Empieza la semana y sus días.
Empiezan los creyentes a pensar,
empieza la vida en su agonizar,
y empiezan las penas y los tristes días.
Pensando en las ironías,
que tiene el decursar,
me he puesto a pensar
en tantas tristezas.
He pensado que en la pobreza,
no todos se ponen a pensar.
Pobreza de espíritu al rezar
pidiendo al dios clemencia
y por detrás
matan a diario con su consciencia.
El hambre la atosiga
y mucho atormenta el estómago vacío,
no se puede rezar con bríos,
si al alma no la alimentan.
Al dios de los humanos
se le pide y se le pide,
y veo que por ningún lado
nada se prohíbe.
Le pediré al dios de los animales,
tal vez logre quitar del mundo tantos males

que soporta la humanidad.
Donde en un banco sin piedad,
se sientan los necesitados,
mientras que en un palacio
verás a los apoderados.
Santa, santa, santa semana que comienza…
Arrodillados también se piensa
en una solución.
Para el humano que no sabe por qué pide,
dale el merecido perdón.

Mi otoño

Mi otoño es gris,
es tierno, apasionado,
y no es tan feliz,
es como ese aire cálido deseado
y merecedor de delicias,
que susurrando en mis cachetes
entre el aire nocturnal,
me acaricia toda el alma
y hasta el punto tal, que me enamora;
siento fuego que acalora
y a tu verano quiero llegar.

La ciudad tranquila

La ciudad tranquila,
todo parece en calma,
los seres parecen que viven,
que caminan,
pero sin alma.
Sigo el camino...
quiero atravesar el ancho mar
y hallarme una silueta digna
que se pueda amar.
La ciudad tranquila
y yo sigo mi camino
sin mirar atrás,
no escucho pasos
todo se ha detenido,
hasta la gran inmensidad
del silencioso e inaudito suspiro.

Me gusta

Me gusta palpar
esto que aumenta en dimensión,
que traspasa los sentidos,
alimenta cuando se ha vivido
esperando por una pasión.
Pero me gusta este calmante
apacible y tranquilo,
que aunque inaudito,
me deja dormir.
Mi cabeza sobre tu piel,
y tus manos buscando algo
competente al querer,
y nos quedamos llenos del sol
que nos quema.
Yo siento que estas aquí,
que no te puedes ir,
porque este deseo de sentirnos
como imán perenne nos atrae;
nos mojamos como agua y arena.
Eres mi mar tan imperativo,
y yo soy el lamento de esta pena
que inexorablemente por ti vivo.

Todo tiene su color

Sí, porque negar que existe lo negro y lo blanco,
lo verde, lo rojo, el azul y el turquesa,
es una gama muy amplia que te hace soñar
con lo que tú quieras ponerle matiz,
¡pero, coñooo! esta bendita vida
qué difícil se hace ante la sutileza
de no exigir,
de no presentir,
no cautivar en la basura,
ese escombro que tanto nos pesa
sobre un vientre cargado,
que lo miras exigiendo con nobleza
un poco malhumorado...
Te vas, y dejaste tal vez, sin darte cuenta,
algo tan grande que no se engaveta,
que no se lastima, que el hombre
por encima de su eyaculación,
no deba nunca ante la hembra que pide más...
y lo que pide no es perdón.

Pienso en ti

Hoy pienso en ti,
como se piensa en las cosas bellas.
Mi nieve fresca aliviando el despertar,
mi luna de mil colores, alegría de amar.
Porque no se puede renunciar a la vida
cuando brinda una cascada de amor,
bañando tu cuerpo del deseo a soñar
y empapado de calor.
Pienso en ti, porque existe,
celebrando este sol de primavera,
que quiere quemar la espera ...
y que vuelva a alumbrar.

Y llegas tú

Tu amor es fragua de viento,
escribir todo esto que siento
en paredes... en los muros,
en el agua transparente,
por debajo de la piel,
y cuando sudo
llena de emoción...
de repente
llegas tú,
mi cuerpo lo sufragas con calor
y con tu amor la mente.

¿Dónde puedo?

¿Dónde puedo esconder este interno sentimiento?
tú hombre, niño creciendo
y un glande encendiendo este fuego de mujer.
La seguridad es tu escudo de hombre seguro,
de lo que cultiva,
defendiendo tu guarida del otro ser,
y entre ese aire que sumerge en mis pulmones apretados,
estamos desnudos, como esa noche negra que nos arropa
en el deseo de lamer tu larga espera
que me llega y traspasa mi sentir.
Subimos a la colina más alta
donde te vienes encima de mis exclamaciones puras
saboreo tus espermas duras sobre mis aureolas erizadas…
¡Ay ven, ponme tus brazos en la cintura y hazme tuya!
Soy esa flor abierta en la claridad de tus ojos tiernos
que piden ternura, soy vida, luna encendida, sol en tu piel,
aire que se esparce sin quererse perder, fuego y su sombra
en la comisura de tus labios en acecho quemándome,
una caricia dormida en mi pecho
y despiertas a una mujer.
Permíteme ser en ti el presente, el hoy, y no dejemos volar
la pasión que arde, que puede apagarse luego
y entonces es demasiado tarde… cuando es tanto este fuego.

Entremos

Con todo acierto te digo,
déjame entrar contigo,
contemplar la dimensión
que hay en la entrega
si te quedas afuera,
no conocerás mi corazón
ni la pasión que lo altera.
Que sea a tu manera o la mía,
pero entremos...
primero quiero mirar el brillo
que la luna provoca en tus ojos,
ven, entremos... este amor sencillo
mi temperamento sube,
y aunque ves que no me enojo,
pero entremos,
muéstrame el placer de tu nube...

Belleza incomparable
"Mujer y poesía"

La belleza incomparable,
complejo sentir de tu alma,
¡Palpitar del corazón!
ante la tierna ilusión,
mujer, reflejo en poesía.
¡Qué placer y qué alegría!
que todos las puedan ver.
Me hace sentir y creer
que las pueden abrazar
y hacerles cuánto deseen.
Si en una estrofa la ves,
apriétala entre tu pecho,
y nunca des el derecho
perderle por lejanía.
Es que por esa mujer
tú debes todos los días
darle plegaria de rosas,
en los tonos magistrales,
aunque todas las mujeres
no te pueden ser iguales.
A todas ellas les gustan
esos gestos especiales.
Ellas llevan compostura,
siendo genios y figuras,
que lo sienten en la mente
ese amor ahí presente.
Ella será igual que siempre,

la única que no te miente.
Dale razón a ese ser
y nunca dejes de amar.
A quien te supo entregar
mucho antes de tú nacer
y todo lo que tú tienes,
si al mundo es que tú vienes
¡por esa especial mujer!
No la apartes de tu vida.
Siempre te dará cabida,
y no puedas entender.
pero siempre hazle saber
que será la más querida.

A mi niña Salomé

Cómo se alzó la hora de escalofríos
cuando llegaste a la vida que te abrió
sus brazos como helechos erguidos,
no fueron trazos, plan, mal habido.

El ocaso dormía en el silencio, esperando
tu llegada y hubo regocijo de vientre que
germinando flores por salir, no usurpaste
el lugar de una cuna de hermosos helechos,
de siempre viva, allí una niña como espiga,
se acunó el temor por tu precipitado afán
de subirte sin pedir permiso a la vida.

La simpatía, símbolo de tu hermosura, catarsis
de alegría en tus ojos, chispas brotan de risas
con fantasía y pensando qué hacer con tus
travesuras para que no fueran tardías.

No eres ese pájaro en jaula, que cabizbajo
mira un ramo de violetas tan locuaz llamando
a la primavera, porque te columpias en ella ya.

Sólo pido

Le pido mil veces a la noche
que no salga el día,
quiero sentir calor, sí,
pero que sea el que tu cuerpo me de amor...
para calmar esta melancolía
de sentir, constantemente,
a todas horas, revoloteos en mi mente.
Me enseñaste a perder el sentido de la vida
olvidando lo que pudiera llegar
y no mirar la hora...
tan solo el momento de confundidos
los dos ser centinelas del nido,
entregarnos sólo sentimientos
que impulsando de momentos
brote el fuego que llevamos
nos quema y arde dentro.

¿Dónde andará?

Dónde andará tu cuerpo,
porque tu pensamiento
se quedó conmigo,
como un gendarme con frío
sediento de mi llegada y sin abrigo.
Dónde andará, tal vez de prisa
recorriendo esa distancia veloz
por llegar a ti
mirándome sonriendo
como ahora disfruto
tu tierna brisa...
la que con el pasar del otoño
tu primavera me sorprendió.
¿Dónde andará?

Éxtasis

Ese éxtasis
es el que me lleva
cuando hablo contigo,
y te siento cercano,
y me abrazas
con tus tiernas manos.
No sé si llegue antes
o después que tú,
pero ahí los dos estar
cuando nos necesitamos.

Como Alondra

Como alondra que busca libertad
en el alegre canto y recorrido,
llevando sueños y cargando olvido,
plasmo líneas que amo de verdad.
Vuelo y sigue resultando tedioso.
Fuerza recobro al pisar tierra firme,
porque sin aire es que puedo rendirme
bajo mi cielo … esplendoroso.
Busco afán en tu logro y destello,
sabia naturaleza me acompaña,
reflejo luminoso de una estrella.
Quiero danzar, y con la luna aquella
que su ternura en las noches baña
mi desnudez, ¡esplendoroso cielo!

Dime, ¿eres poesía?

Al navegar con lujuria y deseo,
yo me encontré lo tierno de tu boca,
supe que el amor tanto nos provoca,
aunque no quiera, así amor, yo lo veo.
Disfrutar tu cuerpo… tanto deseo
que me hace sentir una furia loca,
llenándome el alma que se disloca,
siento apretado mi pecho, y en ti creo.
Dicen que en nuestro amor hay poesía,
yo no sé, porque mucho yo te siento,
me llenas el alma con puro amor,
que miro y dentro no evito el calor.
Vivirás amor, ¿serás poesía?
¡serás toda pasión y gran tormento!

Mis senos

Los sobreprotejo
de sentimientos tan llenos
de vuelos de aves...
porque tus manos,
cuando los tocas...
son tan suaves.
¡Parecen que hasta suspiran!
cuando tú tanto...
y con esa lujuria los miras.
Parece que ellos saben
lo que es la delicadeza.
Los llevas a la boca y los besa
con esa ternura
que se sienten en la aureola...
hasta parece que habla sola
por la sublime sensibilidad.
Siento un rosario de plegarias
tan locas
que me hacen sudar de deseo,
y es por la necesidad
de que no los sueltes de momento.
Que cambies de uno para el otro
con tiernos movimientos
en forma incapaz de lastimarlos,
porque ellos son suavidad
que patentiza
la maternidad.
Mis senos agonizan

bajo tu cuerpo,
cuando te dicen erizados
que puedes penetrar
en lo profundo de mi humedad,
que los hagas temblar
en todo instante
hasta que no pueda más.
Mis senos son palomas
que vuelan con el aroma
detrás de su libertad;
¡no los atrapes con brusquedad!

Un día de marzo

Ya la posibilidad se hizo eco dormido
en las paredes de una vacía habitación.
Hay un rostro palpable entre dos manos
acariciando lo neutro de una relación,
y se escucha el palpitar cansado
de un murmullo lejano,
que con mis labios acerqué en un día de marzo,
pero nada sucede, y se pasan los instantes
colgados en un cajón
con el fondo desbordado de deseos,
deseos como otro cualquiera,
y la vida de ambos...
inevitablemente ha perdido la emoción.

Volver a empezar

Existo a pesar de que no quieres verme,
de que miras sólo
lo oscuro de la realidad
que te brindo,
no puedo darte lo que no alcanzo,
porque mis manos distantes
se empinan
y las nubes pasajeras
saludan una espera
que no existe ya.
Tengo que reposar
mi cabeza en la almohada
para darme cuenta que existo
abrazada a mi inseparable soledad.
Debo volver a empezar.

Quiere matar al amor

No se muere el amor
porque lo intentes,
ni porque en tu creciente
agonía de calor ardiente
le quieras matar,
aunque te presentes
en la colina más alta
diciendo a todos a puro grito
que no lo necesito,
con mis manos me basta.
Cuando el amor nos fortalece
y nos engrandece, no se muere.
El amor cuando es cultivado
entre las fibras más potentes,
esa que fuerza te ha dado,
no se muere, no.
No lo digas, porque mentiras
atrevidas las hagas creer,
es posible que después te puedas
arrepentir de hacerme pensar
que lo mataste cuando siento
que hay un movimiento
en tu fuerza varonil, la que
me hace sentir.
Se levanta sobre tu cremallera
la naturaleza que hace estrella
fulminante,
como luz radiante

del amanecer que tanto se espera.
Estoy por creer
que no se nos puede morir el amor,
cuando entre mis poros
se vislumbra un arcoíris de ganas
que con tus labios, y la saliva
al insistir, lo activas…
Se desgrana toda pureza
arriba de mi cuerpo
que es tu presa,
y lo sientes como suspira.
Mira cómo lo hemos hecho
en esta forma tan increíble
y tan menos pensada,
que tocando mis manos
y palpando mi latir,
besando mis senos
y expulsando un gemir,
me he dado cuenta
que no se puede morir,
porque quiere seguir
lleno de nobleza.
Ese sentimiento no se inventa
a pura cuenta de protección,
ni en un conteo de honor.
Este amor apasionado es mi vivir,
él siempre en mi cuerpo encuentra
su escondite inmenso y sensual
del que ya no puede salir.

No todos saben usar la boca
para mencionar el verbo
a través de la palabra,
esa que te hace gritar
en un profundo silencio al amar.
No, mil veces no,
¡el amor no puede morir!

Antes no te vayas

Sé que no será real, amarte
así de repente
y enamorarte
sería lo ideal.
Un plagio de amante,
pero hoy quiero
amanecer en tu pensamiento
a fuego lento,
y hablarte de lo que quisiera.
Sentarme en tus piernas
y sentirme aventurera de siempre,
o tal vez del instante.
Mientras leo tu pensamiento
apretarnos con inmenso querer,
abrázame bien fuerte,
que nos sorprenda el oscurecer.

Estás

Estás en el silencio que otorgas,
la palabra muda en tu boca,
el pensamiento que divaga impreciso,
la mirada que escondes en la espalda,
el beso fugaz que en el aire se pierde,
el instante inseguro de lo que se dice,
algo irrepetible
comparable al miedo que amenaza,
recostada sobre la pared te quedaste impregnada,
mentira que matas.

Palomas repartidas

Quiero cien palomas al viento,
quiero que todas vuelen
a su libre albedrio,
que no se lleven lo que es mío
que es parte de mis sentimientos.
No sé si tu comentario es tan mío,
que me hace inspirar.
¿Dime si supiste amar
cien palomas al viento?,
porque muero de contento
sabiendo que eres feliz.
Dime por qué así,
me comentas
con ese sentimiento
a flor de piel
que tanto se me adentra.
¿Dime por qué amor?
entregas tanta dulzura,
reparte palomas
por donde quieras.
Cuando ahora es que siento
que al mundo y a todos,
nos está faltando la ternura.

Si ves

Si un ángel anda suelto
buscando su gloria,
no lo detengas, es la mujer
guardando su historia,
sus hechos en la trazada vida.
Si ves una abeja que la cuida,
no la atrapes,
y deja que le lleve su almíbar.
Si ves un cocuyo tratando de nadar,
no lo ahogues
y déjalo respirar,
que agua para calmar, su sed,
le lleva ese ser llamado mujer.
Si ves a la mentira vestida de tul,
no la critiques, todo ella olvida,
y lo rojo lo convierte en azul.
Si ves un papalote girando a la deriva,
ella caerá sobre un cuerpo
llenándole de vida,
no le detengas y déjalo que siga.
Si ves a la crueldad que la castiga,
no sientas pena,
ella sabe que surgirán nardos y espigas
sobre su vergel,
y si el diablo se viste de papel, no lo aplaste,
hay poderes en el alma más fuerte que él,
¡la voluntad y entereza de una mujer!

Te sueño de nuevo

Vuelves como espía
a inundar mis sueños.
Es la noche segunda
que te tengo,
y todo se vuelve
cobardía y suspenso.
Nos alejamos
con las esperanzas
moribundas
y llevando tanto
como de ti pienso.
Será acaso que
es esa la realidad
y que nunca podré verte
como mi alma
lo quiso quizás.

Ya no

Ya no le temo a las dimensiones
oscuras de tus delirios,
Porque aprendí que de lo oscuro viene
la claridad, auspiciando leve
la llegada del día.
No será ya tan embustera
como a veces parecía.
Ya no temo a la adversidad,
la acaricio con las manos frías,
y las ansias las que escondiste
cuando menos lo sentías.
Estoy curada,
pero no dejo de estar espantada,
ante tu mala intención
de sentirme siempre enamorada,
ya no más, crezco con tu traición.

El adulterio

El adulterio en silencio
es una comunión con el alma
que ha sido traicionada,
es recompensa a la llaga,
aunque ella no quiso abrir
para dejarla transitar
por su tiempo y la nada.
Puede que detrás de una puerta
mal cerrada,
o puede que en un rincón
con muchas pisadas,
en el asfalto agrietado
allí haga eco dormido
y huela a ese gemido
que fue llanto.
No hubo condena, residuo
de lágrimas
y penas que corrieron
al camposanto.
¡Qué más da!, si allí el adulterio
era bendecido con abanico
de piernas, huérfanas del rocío
y víctimas de un pastoral sin manto.

Mis manos en el mentón

Cuántas palabras retenidas
en mi subconsciente, queriéndolas
descubrir así de momento
sin que te sorprenda el día,
sin arrepentimientos,
porque todo debe ser alegría.
Muchas veces, en mi razonar
no logro hallar la solución debida,
es que existen muchos seres en la tierra,
que por más que uno quiera,
en su pena se agobian y encierran.
No soporto la persona que no se deje ayudar
y que se crea mejor que todos,
si somos iguales y respiramos el mismo aire.
Qué triste es ver pasar a los equivocados,
desear darle un abrazo e ignorarlo y dejar
que pasen por nuestro lado,
sin valorar que lo hicieron.
Qué pesar es sentir al humano
que dice injustamente, pasé por tu lado,
pero no me vieron.
Cierro mis ojos, mis manos en el mentón
se acomodan.
No logro hallar una solución.

Surgir

Surge la vida al resplandecer
con brisa fresca,
y en un cálido gemido,
producto de latidos
que te hacen estremecer.
Llega el invierno,
el frío lacera mis huesos
y hay un abrazo oprimido
que se ahoga en la noche
cuando no estoy contigo,
quedamos insatisfechos.
El sol parece apagarse,
pero no es así,
la luna bruscamente
lo busca para poder salir
y en él abrigarse.
Se desviste la imagen
en la oscuridad…
y dos cuerpos
que se hacen querer.
Se escandaliza la vegetación,
hay olor a frutas crecidas
que piden ir a tu alimentación.
Entrar en la húmeda boca
que me acecha por doquier,
y hay un pino erguido
que te brinda su sombra
para que nadie nos pueda ver.

Dos hojas dormidas
con diminuto pezón
le dan más calor a la vida
y amplía su razón,
para criar y dar a la luz
nuevos lirios blancos
que te enternecen
y ya no sabes cómo ponerte
que hasta te sitúas en cruz.
Dos siluetas unidas
rosan heridas
que logran curar,
y hay gemidos de alientos
que entre el viento
empiezas a escuchar.
Vivir amando, y sentir
por siempre viviendo,
hasta exigiendo
lo que la vida te ha sabido dar.
Placer incalculable
que nos hace emprender
un camino
que nos conduce al infinito,
donde se escucha
en un deseo fugas…
un "no puedo más"
que nunca se hará mito.

Yo seré

Seré lo que quieras que sea,
un suspenso en tu vida,
una idea retenida
en tu subconsciente,
un algo que no termina,
porque, creas o no,
en ese futuro que anhelas
me verás presente,
como centinela
cuidando la fuente de versos
que a ambos nos revela.
Quizás al tocar la tierra
con tus manos
me verás en el aire cálido,
que cuando transitas
el camino lejano,
más cerca me tendrás.
En el aletear de una alegre mariposa,
que ante ti resalta sus colores airosa,
porque contigo quiere jugar.
En el trinar del pájaro que quiero,
ese que zalamero quiere cantarte
sin querer volar y alcanzar al jilguero.
Porque podemos dirigir el mundo
con ese sentimiento profundo
arraigado en el ser,
ahí seré esa gota tierna
que caerá en tu amanecer.

Y cuando mires en la distancia
de mí te recordarás… entonces sé,
sin vanagloriarme,
que en todo lo que te ofrezca amor,
y en lo fértil de la vida, estaré.
Yo, tu eterno amor.

Y yo quería

He pintado tantos recuerdos
entre nebulosas
de diferentes tiempos,
que ya la neblina
empaña las pupilas
con un inesperado sentimiento.
Me he remontado al renacer
de aquel inolvidable momento,
cuando sin palabras
escondías la mirada
para que no se descubriera
lo que tu alma sentía,
¡tanto como amaba!
Creíste que todo iba a suceder
como en tu mente solías ver.
¡Qué ilusas las esquivas!
Yo te lo advertí,
que no había
suficientes razones
para correr detrás de ti,
destrozando a otros
sus ilusiones.
Que uno pinta el tiempo
con lo que mejor entiende.
Una nube mostró garfios,
y miré con resentimientos.
Pero a la conciencia
nadie mejor que uno

la comprende,
ella nos sentencia.
Y yo quería dejar
la mejor pincelada
en tus emociones…
y sembrar con mis lágrimas
los suspiros
de tantas noches
llenas de pasión.
Quería por querer, lo poco…
y me perdí en la nada por tantos
dentro de tus desencantos
en lo peor de tus rincones.

La mirada

Miro al cielo perdiendo la mirada,
se escapa tan lejos en la distancia
penetrando mi alma,
y es tan grande el ansia...
¡brota su fuego como llamarada!
Siento erguirse, como el viento elevada,
viaje sin regreso que dice tanto,
y se pierde a lo lejos con mi llanto,
suspiro dulce en su tierna mirada.
Duele la distancia que nos separa,
espeluznante crujir a lo lejos,
queja y cortejo de nuestra mirada.
Sentimiento que a tu alma lo reflejo
sin que mi dolor al cuerpo dañara,
bendita luz que emana del espejo.

¡No me faltes nunca, amor!

De mis sensaciones, las triviales,
las carnales, las humanas, las sexuales,
donde las emociones se convierten
en manzanas para que las disfrutes.

Si me ruedas por tu cuerpo,
mil besos dejaré sueltos.
Me detengo para que toques
en mi pasar y te provoque
que me muerdas tiernamente,
y en cada mordida
te dejaré trozos bien calientes
que brotan de lo profundo
de la guarida.

¡Ay, Eva y Adán!
pensaron que habían descubierto el paraíso.
Ese lo descubrí cuando me enfrenté a ti.
Que como vaivén me meses
y me saboreas...
con mi alma te recreas
y me disfrutas como nueces.

Cuando me tragas completa
siento en tu interior
tanto amor, lleno de murmullo
que me seduce,
y hasta siento que me conduces,

convirtiéndome en tierno capullo.
Se condensan entre tus maravillas
y me hacen sentir
la acomodada semilla
que en ti quiere prender.

Dame, amor, dame tu querer,
que ese es mi alimento.
Me duermo dentro de ti
con tu paraíso erguido, me embeleso.

Siento de todas las maneras,
lleno mi boca de tus espesuras
convertida en primavera.
Tengo mil caricias nuevas
que inventarte, con tiernos besos
y la manzana húmeda de ternura.

Alimento de amor

Hay suspiros que renacen en el aroma
de flores recordando al poeta entregado
al amanecer del amor que gime enamorado,
y con sentimientos entre hojarascas lloré
derramando mis anhelos en un simple papel.
Muy hermoso recorrer tiernamente tus letras,
mi querido amado fiel y distinguido poeta,
las que me hicieron entender
que mi amor se alimenta de un simple clavel.
No sé si volveré a ser la mujer que la ternura
la embarga, en medio de una hermosura
que no quiero que de mi alma salga.
La mantendré protegida del sereno
y del fuerte sol que la pueda consternar,
esperando debajo de un palmar
que algún día, en un abrazo cercano,
caminemos cogidos de la mano
por el solitario y estrecho sendero,
seremos cruz y escapulario
de este amor que nos llena
cuando nos amemos por entero
en el candor de una luna plena.

Besos hechiceros

Me dormí en tu playa de caricias
arropada en tu pelo de plata,
y fueron besos hechiceros
que en lo profundo
me hundieron,
en ese oleaje marino
como peregrino...
¡por poco me matan!

Mi amor y Buesa

Mi amor arde por dentro
como esa llama que no se apaga,
que enciende fuerte y brava,
que lacera y funde
lo cálido de la entrega.
Este amor, es más,
es reír dentro
de un universo de llanto
con la dicha afuera.
Es la alegría de vivir
desempolvando al desencanto.
Es hacer lo que nos cuesta y enreda
para que se mantenga
la ilusión a flote,
es un amor vivo
en su gemir, me lleva al trote
y tenerlo, aunque escondido,
sentirlo,
disfrutarlo, siempre prendido
como siempre llama, quema.

Traición

Una casa, los símbolos y cuerpos que la habitan,
a todos nos pasa, una parecida se necesita,
y escribir poemas tiernos con mirada serena.

Es que la noche duerme en su calma plena,
y no quiero molestar para que no despierte
soñolienta la pereza; esa, en una casa se
adentra, firme a la magnitud y a la grandeza.

No verás especies de jarrones de porcelana fina,
eso no interesa, y menos si la pobreza domina.
El cuerpo y tu alma la disfrutará por entero,
escrito en cada pedazo en silencio: "Te quiero".

Casa que se cuida con esmero, está construida
con fuerte armazón, bloques forrando la vida, y
a la intemperie un centinela cuidando la pasión.

Una casa perpetua de amor, las paredes pintadas
con pinceles de esperanzas y laureles, que fueron
decorando a dos testigos de la desmedida traición.

Había la nobleza de un amor… él, que se perdía.
Ella, un bloque fuerte de hormigón, allí prevalecía.
Dos columnas, sostenidas a la cuna; firme horcón.

Boleando auroras

Miré a lo lejos sobre el mar, espumas blancas
que jugaban, como esos amores que quieres
entregar, no puedes más que conformarte con
soñar. Era un jugueteo tan hermoso que me
hizo sentir envidia por aquella expresión tan
tierna y de amor fogoso. Seguí contemplando
con cuidado, y una brisa fresca vino acariciar
el rostro mojado. Con la lengua saboreo algo
salado. Eras tú, impetuoso mar, que boleabas
tus gotas de deseo sobre mi alma de auroras
terminadas. Yo reté tu fuerza y amplitud. Me
sumergí en la ola que venía, como a buscarme.

Sintiéndote entre lujuriosas furias, y te empecinas.
Sonreí con deseos de embriagarme por aguas
salinas. Hubo fuerza y resistencia, no lo niego.
¡Qué hermoso fue sentirte tan furioso y tan
amoroso a la vez! Era un juego que excitaba.
Te sorprendí entre mis piernas saludando al
alba que deseabas tocar anunciando tu llegada.
Te dejé pasar cuantas veces me acariciaste,
porque no te podía aguantar. Todo mi ser
lo sacudió de ansias aquellas olas, en mi cuerpo
se rompían de celos por ese perdido tiempo, y
fue tanto lo que te amé, que no lo puedo negar.

Me dejé por ti llevar, disfruté tus coqueteos, hasta
boleaste mis auroras entre los deseos, pero fue tan
maravilloso ese contacto de los dos, que dejé en
ti mis espumas blancas. El desahogo impetuoso
de un impacto sexual, tan dichoso. Y sé que pude
entregar sin que nadie lo supiera aquella tarde,
porque en la caída del sol todas mis inquietudes
sedujiste, al ver tu jugueteo mis ganas salían al azar.

Esta intuición

Hoy te necesito
como nunca antes pensé.
Es que tanto anoche te soñé,
que quisiera que me sintieras,
no como a una mujer que se toma
entre los brazos
y la llevas al disfrute pleno.

Hoy mis suspiros por la sed
están llenos,
pero no es lo que yo intuyo.
Mi corazón siente que es tuyo…
pero el de vos no sé de quién es.

Cuesta trabajo entender
a quién le pertenece,
a cuántas has amado.
¿Es que puede estar tan ciego?
No te das cuenta
que en el amor no se inventa,
si todo está inventado.

Y cuando el alma se enfrenta
a conquistar al amado.
Ella tampoco se da cuenta
que no puedan sentir
esa parte del pasado
que quiere revivir.

Sólo quiere estar junto a ti,
sentirse como gorrión
enroscado a tu pecho.
Caprichosa intuición,
me engaña y lo apañas a él.
No me hace la razón
comprender.
¡Pero es que le amo tanto!
de sentimientos al amor,
por la intuición
lo cubre un mágico manto.

Traigo

Traigo manojos de sentimientos desechos
que se mutilan en su partida, tengo, por tener,
un sentimiento escondido que no quiere florecer,
tengo algo que he perdido, era parte de mi vida,
y me hace sentir como ese sauce en su caída,
latiendo más fuerte los girones en mi pecho.

Traigo un peso que se aglutina muy dentro,
sospecho de un tormento que hizo leña mi rutina.
Fueron noches tormentosas en el mismo centro,
repercutiendo a todas horas, la manecilla de reloj
después que todo pasó, destruidos quedamos los dos,
sin querer acercarnos al amor, ni aquella, su orilla.

Traigo, por traer, esa indudable y temible sospecha,
que nunca fueron salvables los rencores a cuesta
que el alma se lastima y cae en la pereza intransigente.
No mira un sol abierto que penetra, sólo hay neblina
de la que entorpece la motivación que te mantiene,
traigo mi dolor en las sienes y una traición permanente.

Ese "qué"

Ese "qué" con acento es tan tuyo,
que hace sentir ciertos arrullos
sin poder contener, no sé, ¿qué pasa?
Lento te siento venir todo braza
en mi ternura, es que me vuelves
empedernida dulzura. El "qué" es
tuyo, y me ha penetrado en la vida
de una forma tan completa,
que me hace sentir alas
queriendo llegar a ti.
Ocultarme en tu alma y que no me
dejes salir. Cuando te pregunto, o te
llamo, me sueles responder con él,
entonces los suspiros se adormecen
y entre mi alma te quiero mantener.

La fuente luminosa
(Décima)

Yo me senté en su vertiente
tantas veces como pude
jamás tanta fuerza tuve
¡hasta toqué su corriente!
tan virtuosa como fuente
luminosa y elegante,
allí estuve con mi amante
y salpicaste mi frente,
te recuerdo diferente
¡siento la nostalgia errante.

Nostalgia que en mi quedó,
eres fuente luminosa,
entre raíces preciosas
que nunca olvidaré yo.
Sólo le pido a mi Dios
que se conceda un deseo,
la Luminosa no veo
y me da mucha tristeza,
parte de naturaleza,
en su agua, en ella sí creo.

Hoy la añoranza me besa,
yo sólo quiero pedir,
dejen a ella recurrir
para quitar la tristeza.

Quiero amarla con nobleza
y decir ¡cuánto la extraño!,
ante mi lágrima el paño
quiero pedir un deseo.
Que si en Cuba yo me veo
fuente, ¡recuerdos de antaño!

La primera vez

Me persigno con el pulgar
de tu dedo, el más travieso,
el más grueso, y déjate llevar
por mi fuego,
yo sé que tú deseas
al igual que yo eso.
Hagamos fiesta donde hay luto,
hagamos un despliegue
de cuerpos vivos
llenos de calor.
No sentirás que me niegue
sin sentir de ti lo bruto,
que libando la miel de tu interior
es que quiero sentir amor.
Soltemos todo el cuerpo
y verás qué enérgico
corren los estrenos
por nuestros cuerpos,
hasta quedarnos llenos.
¡Clamor en un sólo instante!,
¡fuego que prende a dos amantes!

Aparécete

Sobre el piso,
el ejercicio y el tiempo
han provocado cierta fatiga,
y tirada con su leotard
mojado por el sudor,
mira sus ropas a lo lejos,
ha hecho bien, es mejor...
¿por qué no dejo de pensar en él
en todo momento?
¿En qué lugar de mi alma
se ha acomodado
que tanto su amor me castiga?
En cada girón de mi cuerpo
quiero arreglar los defectos
para conquistar su amor.
Este traje es fácil de quitar.
Si aquí se apareciera…
y me lograra amar,
cuántas sensaciones
me causara
¡Qué entonces sí,
que de peso iba a bajar!

Nadando afuera

Me tiré en la laguna de tus amores
y convertiste en ríos de pasión los
instantes más bellos.
Se iluminó de nosotros dos
la superficie con nuestros destellos
y dejamos que llegará la noche piadosa
que traía anhelos.
Me sumergí en lo profundo
de tus palabras tiernas,
me dejé caer al suelo.
¡Tocaste mis fibras íntimas!,
que hoy con toda esta vergüenza,
no quiere que la viera.
Hoy llora la pena cubierta,
y he sentido a la inspiración flácida,
porque ya no era tan cierta,
se dio cuenta que tú no eras
la eterna primavera
y nadé en una corriente
tan divina, pero muy triste...
nadando afuera.

Será

Mira mis manos nerviosas
como acarician tu desnudo
cuerpo, y en mi corazón me
excita la razón, porque más
no puedo, decir con palabras
esto que siento, y no te tengo
y con el "será", tanto me enredo.
Porque la incógnita balbucea
en mis oídos cuando no tengo
en la mañana tu voz de trigo,
color caramelo que yo me gozo
repleta con copitos de anhelos.
No sé decir ¡cuánto te quiero!
¡Ay, esas tardes grises de frio!
y devora tantos los "no puedo",
que mi alma fallece por miedo.
Quiero tener, sí, todo algún día,
Aunque el "será" venga luego.
¿Será acaso que esperas por mí
para hallarnos como colibríes
que amanecen, en tiernos ocasos?

Arrastrándote

Eres un perpetuo reptil,
espectro de andar cabizbajo
en la oscuridad de la noche,
y el silencio con que te envuelve
no te produce el día,
porque te fatiga
por cualquier instante de otros...
casi siempre
y quedo callada ante la actitud
prepotente de tu sentir
de murciélago y calandria.
Combinación de insectos
en busca de su presa,
porque sientes que amas
la imagen en tu espejo
y tú mismo no te besas.
Allá, a lo lejos,
un sol de media noche
nos quema el alma
pero no a todos nos ofrece su luz
en esa inmensidad.
Sin perder un instante
de tu amoroso andar te pierdes,
como la inquietud
de un eterno amante.
Y es que nos conocemos
como la tilde

en su propio tiempo,
como esa santa paz
que emana del sentimiento
en la trágica noche oscura
que agoniza…
que débil en su luz,
quiere de tu presencia estar segura.

La vida es un teatro

En este escenario de la vida,
aquí, elevando la imaginación,
siento que se puede pulir
al apasionado adversario,
y pongo en juego mi corazón
que constantemente sabe sentir
sin que te vea a diario,
porque es el único instante
en que no existe la razón.
Sólo amantes y vencidos
deseos en un sexo incontenido.
Sube el telón y termina la función.
¡Exactitudes tan difícil de evitar!,
brutal escena, difícil de olvidar.
¡Divino e indisoluble
instante al amar!
Dos que se conocieron,
nunca se vieron,
y solían charlar
horas que no sabían
lo que tenía que pasar.
La realidad balbuceando
los supo despertar.

Definiendo

Que desde mi ventana
te miro todas las mañanas,
radiante,
y haces que mi pluma
vaya al papel
y que exprese en él
lo hermosa y brillante
que riegas mi suelo
con tus coloridos,
me siento como esa mujer
que encerrada su alma ha tenido.
Hoy envidio con desconsuelo
ver cómo escribo
tu nombre entre nubes,
mirando el inmenso cielo,
y sube, sube.
¡Cómo te amo, naturaleza divina!,
que me pones romántica
y amo en forma clandestina.

Amor en el bosque

Te fuiste con el aire que esfumó la bella historia
de aquel tiempo de gloria, y te elevaste tanto,
que no miraste lo alto de mis sentimientos,
pero te fuiste, entre el aire, contra el viento.
La vida ha transcurrido, ya tu pelo pinta canas
apuntando a lo vivido, anuncia lejanía, a veces cercana,
mientras yo tiño las mías con las mismas ganas
que cuando te conocí, y ya ves, no te olvido,
porque fue un transitar de emociones tan sentidas,
que supiste darle brillo sin pulir a mi vida
y su melancolía, acariciaste mi piel
con el metal de tu voz sonora
que me llegaba a deshoras.
Fuiste esa historia que nunca acaba,
la lleva uno como daga que se hunde en tu cuerpo y alma,
hasta en la mente.
Ni cuando te soñé y apareciste en una realidad perpleja
fueron tus ansias y mis quejas grabadas como necesidad,
y hoy, entre el viento y el mar, te me vas,
Triste el amar sublime, apasionado,
que aún cierro mis ojos y recuerdo
tantos detalles de los dos,
tan espontáneos, querer entregarte todo de mí
sin lamentar las consecuencias que podría traer,
porque temblando de la cabeza a los pies
le di entrada a mi locura, a nuestra pasión.
No hubo pecado, fue ensueño de un amor,
mi adolescencia con tu experiencia

se conjugaron perdiendo todos los sentidos,
y solo en mil suspiros que exhalaba tu boca,
¡mi boca cómo la besaba!
Fuimos presente fugitivo que a mi lado
por nuestra piel se impregnó
en lo verde de aquel bosque, escondite y amigo fiel
que nunca, nunca, nunca tendrá pasado.

Si un día de esos

Si un día, de esos que nunca esperas,
al leer un poema mío corrieras sin ropas
interrumpiendo la noche del sueño,
donde un corazón palpitante y sombrío,
sin dueño, en solitario andar cupiera.

El cuerpo transita lleno de escarcha,
la última de diciembre apenas, siendo una
débil muchacha sin recuerdos que cargar.
Sé que había frío, de esos tan intensos,
que cala la estrofa del poema adverso,
convirtiéndole en preso monte de espuma.

Mis palabras hoy retan al subdesarrollo,
que sobre tus sienes pintando canas,
parece que te advierte que pudieras
encerrar entre paréntesis sin estar obviando
que has sentido nardos verdes al suspirar.

Y duerme inquieta la noche de mil auroras
en la estela de nueve meses tan ciertos,
como esos cipreses que con mi boca
pintando arcoíris sobre tu isla otoñal,
quejidos rompen el alma de primavera
en solo instantes, con oleajes te haré llegar.

Como lo hacen los sueños escondidos detrás
de una roca, la mueve, la agita, elevándola a
donde ellos quieren, con furia que nos ciega,
veloz como llega el día convertido en todo
un caballero, cuyo beso te despeina ganas,
hace círculos con sus dedos en tu cabellera,
¡ay, amor apasionado dentro del pecho que
quema sin estar saturado por tanta espera!

Tu poesía

Me gusta pasear por tus versos
y sentir una tierna brisa,
me gusta cuando me acaricias
y en cada letra me llega un beso.
Será por eso que me gusta tu poesía,
clara, transparente y genuina,
que purifica el alma de la pena tardía
cuando la soledad le calcina...
cuando siento melancolía.
Me gusta rodearme de tus anhelos
cristalinos y amorosos,
sentir mi pelo enroscado en tu frente
cuando estás celoso.
Decirte con claridad
que hay días grises
que se aproximan…
y tal vez no podamos vernos más.
Me gusta cuando me dices
palabras suaves, que como
cascada caen lentamente
en mi cuerpo
aunque el alma esté triste.

¡Gracias, vida!

¡Dando gracias a la vida
alimento mis heridas!,
me nutro del mejor momento
es este que yo siento
¡aquí dentro del pecho,
donde no cabe derecho
de quejarse entre lamentos!
Le doy gracias a todo,
hasta a este respirar,
que me llena de momento
y me alegra el pensar.
Entre ritmo de diferentes países
hace sentir fuerza en mis caderas,
fuerza de nuestras raíces,
que te recuerdan tu bandera.
Siento el güiro,
frotan mis huesos zalameros,
aun así, giro que giro,
siento la guitarra,
el cuero,
siento el acordeón,
por sentir hasta el saxofón,
¡estos ritmos me llevan a sentir!
¡Darle gracias a la vida,
por un hermoso existir!
El que hace reír
a carcajadas,
llenar el cuerpo

con una sentida tonada,

no importa si es merengue,

salsa, o bachata,

cualquier música me llena.

¡El cuerpo y la sangre se arrebatan!

fluye como cubana,

música por mis venas.

No me pongas a decidir,

porque si me dan a seleccionar,

el tambor voy a buscar,

la guitarra, maracas y claves

para sentir mi cuerpo

de sandunguera,

cómo se mueve de suave,

cómo se mueve de veras.

La rumba no se lleva por fuera,

en mis raíces que llevo por dentro,

me sale la conga de ancestro,

me verás bailando rumba.

Pero ante una bachata…

¡Las gracias le doy a la vida

por llevar alma de mulata!

Algas y lino

Por querer mirar a lo lejos,
buscando amor con afán,
sólo pude encontrar
el amor tuyo, puro reflejo.
Como loca traté
de hallarte,
hasta incrustado
como estandarte
en un espacio
en la pared.
¡Cuánto dolor en mis dedos
de tanto que escarbé!
Sólo lino verde
y algas secas
en mi búsqueda hallé.
De aquel amor sublime
e intenso con el tiempo
desvaneció
sólo huellas en mi piel
fue lo que me llevé.

A un hombre

Como gacela que se tiende
en el cruzar de tu camino,
encontré a tu amor
como un tierno peregrino
que me quería abrazar…
Así tú, ermitaño del tiempo
que no quieres revivir,
ni mostrar sentimientos.
Guárdalos en tu sagrado lugar
donde a nadie muestres,
tal vez logres al cruzar
que una piedra te encuentres,
y con ella te puedas comparar.
Me duele aceptar
que en el laberinto escondido
de mi soñar
se haya encontrado contigo
y te dejes explorar.
Cuando lo que busco
es el callado suspiro
que tanto escondes...
Ese que estrangulado
en tu subconsciente,
a veces no responde.
Parece que a todos nos mientes
al mostrar lo que uno
capta de ternura en ti.

Mentira que no comprendí
todo lo que sin palabras
insinuaste...
para después ignorarme,
dejándome…
con las ganas que provocaste.

¿Quién siente más?

Me hiciste con la imaginación ir
a otro tiempo.
Naces y no pides nada, recibes
lo que te den, porque no sabes pedir.
Te desarrollas, y la vida te da
lo que eres capaz de lograr
y no pides amar...
lo das porque lo sientes,
y puede que hasta
te faltaron sentir esos azotes tiernos
que esperas, y por ningún lado los ves venir.
La vida te da sorpresa cuando
con los brazos abiertos te entregas;
lo das todo, y a cambio pisotean tu nobleza.
De ahí empiezas a exigir y te das cuenta
que la vida es una mierda,
que no nos enseñaron a dar y recibir,
que sería lo más justo para vivir
una vida completa, sin que sea
un intercambio, porque así
es la vida cuando uno aprende
a quererse uno mismo.
A veces la mente
te juega sucio y es tarde... tratas
entonces de esconder tus heridas
y sigues amando sin importarte
lo que digan.

Entonces llego a la conclusión,
de que es mejor
amar lo que uno quiera y con el fuego
que te prenda la pasión,
nadie tiene la razón,
todos necesitamos lo que damos.

A veces

A veces pienso en ti en forma callada,
y miro en el espejo que me ínsita a soñar,
y siento tus manos rosando mis cabellos,
y te vuelvo a mirar
con ganas de amar.
Cómo te siento en mis pensamientos,
y en la esperanza de soñarte
en el razonamiento
sin perder la confianza.
A veces te miro fijo
y en silencio en ti pienso.
Cómo no he de pensar en ti, amor,
si me diste del día... el sol,
de la claridad... la luz,
de la noche... su calor,
y cada vez que me llega el deseo,
ahí, susurrando en mis brazos, te veo.
Agonizando
entre suspiros también te miro,
y cuando te voy a besar
choco con el cristal del espejo...
¡me engañó la inaudita suerte!
Era sólo lo que quedó de ti,
un simple reflejo de la imaginación.

Entonces siento que duerme junto a mí
un tierno gorrión que te extraña,
y tanto te añora,
que cuando quiero
de pasión me bañas,
aunque después, al despertar,
mis ojos te lloran.

Renuncio al hombre

Sentido de libertad tan diferente,
ese que la boca habla y el corazón
palpitando de ansiedad siente
y calla, aunque tenga su razón.

Es la libertad, decir sin importar
dónde te halles, y en qué lugar
fuimos suspiros de un tiempo
que apaciguó aquellos momentos.

Y libramos juntos mil batallas,
la vida y su crudeza luchando
donde quiera contra murallas,
saturó la posibilidad… no amando.

Las desventajas al amarte tanto
como hoy te amo, debo renunciar
a ese ¡hombre de mis encantos!,
porque un amigo debo encontrar.

Sonriente, sin amar, en tu persona
queriendo buscar esa integridad,
vivir así… no vivo en conformidad,
y menos cuando la líbido se asoma.

Signos vitales aman lo prohibido,
la esperanza aparece, no la concibo.
No puedo hacer más que meditar,
infinito dolor al firmamento entregar.

Postergada en incontenible frenesí,
destrozada entrego el amor que por ti
durante años con cariño sembraste,
tengo que cortar la raíz, así no nace.

Amor mudo

Amo tu silencio como se puede amar
la noche negra,
la más oscura y con menos lunas,
si para amar lo que necesito es saber
que tú existes,
y ya con tu presencia para mí
es una fortuna.

Te aprendí amar
de esa manera inconclusa.
Sabes, jamás creí poder amar
de esta única forma
tan absoluta.

Te hablo mil palabras,
te hago mil preguntas
y nada respondes,
tengo que imaginarme
que me amas tiernamente
en tu mundo de silencio.

Eres un súper sabio, y yo,
una enamorada poco astuta
que necesita en su mundo de fantasía
elevar la imaginación,
creer que me idolatras

y que en una palabra insensata
me responderás algún día,
que sabes amar todavía.
¿En qué mundo de silencio
he puesto a soñar mi poesía?

Como luna llegaré

Porque mil lunas
yo te daré;
¿para qué?
¡para que nunca te falte una!

Que te sobren las lunas, mi amor,
que con su brillo te irradie calor,
para que siempre me veas llegar,
y que al cielo mirar,
sepas diferenciar una:
¡la mía!
Esa que te observa en noches
de melancolías,
en noches de insomnio
cuando deseos me envías.

Y brotan tempestades
dentro del firmamento,
que me hace ver realidades
de este amor que siento.
Es que el amor me convierte
en el más fuerte viento lunar,
y sólo llena de pasiones
ya quiero llegar
¡para que me sientas viva!

Y cuando al mirar arriba
siempre en ti yo me vea,
seré la mujer convertida en luna,
que en tu cuerpo se recrea.

¡Como luna a ti llegaré!
para disfrutarnos
como queramos después.

Ilusa juventud

Pareciera que aquel día,
al mirar arriba,
miles de ilusiones venían
como estrellas luminosas
que me resultaron tan maravillosas
en su total aparición.

Yo suspiraba ilusa,
como quien se alimenta
de una constelación.
Qué incauta y desprevenida
de jugar con el tiempo,
cuando la juventud a todos sonreía
en mi pasar,
y me creí princesa sin trono,
pero en un ancho y angosto mar
de ilusiones prendidas,
en la piel que se me erizaba
ante cualquier hecho que me sorprendiera,
y yo desprevenida,
pero con pulsaciones tiernas,
como gorriones que nacieran.

Sólo la ilusión de los dulces aconteceres
y de los imprevistos placeres
de amarme yo misma en mi naturaleza,
porque me sentía inmensa,
que al caminar por aquella avenida,

era yo con la mismas ropas,
las mismas ansias de hallar,
las mismas ganas de ser luna
para a todos querer alumbrar,
y que el ciego desvalido
no se hallase sin abrigo.
Me creí un ser capaz de nadar
en el agua de tu cuerpo
que ya empezaba con sed, a necesitar.

Pareciera que aquel día,
al hallarme a solas,
llevaba impresa en mí
las mismas ilusiones al mirar al suelo,
y una lágrima me sirvió de pañuelo
para escribir esta poesía,
que ha sido mi fiel compañía.

Imaginas

Imaginas, estoy recostada en la cama
y que cuando llegas con tus palabras
empiezas a ofrecer un rosario de besos
que sacuden la mente, entonces es
que me besas, desde los pies a la cabeza.
Yo te miro y sonrío, empiezo a pedir
que me apapaches, que me invada toda la
ternura de tu corazón. Mis fuerzas se
agotan y empiezo a sentir por la emoción
cierta rareza… ¡no te puedes aguantar!
Ahora te molesta en la realidad porque no
fui a recibirte a la puerta,
¡ay, amor de mis días, amor querido!
disculpa la torpeza sin querer
y ese detalle con cierto descuido.
Es que cuando llegaste, en la mente me
tenías por el talle, segura y apasionada,
y sólo cerré los ojos esperando tu llegada,
a la pasión toda entregada, a ti, bien mío.

Hoy he pensado en ti

Hoy he pensado en ti
de muchas maneras.
Pensaba cuando acostado,
muy cerca
extiendes tu cuerpo
queriendo llegar a mí.
Yo quieta, como quien
no se ha dado cuenta,
lanzo una expresión,
que brota del corazón
cuando te veo así.
¿Quieres hacer el amor?
Sé, que más que querer,
es desearlo y hacerlo,
sentirlo y disfrutarlo.
Se combinan los dos.
Miro tus ojos verdes,
me llenan de colores
y te entrego en mis suspiros
momentos inquietantes
que yo tanto vivo y adoro.
Te veo tan excitado,
y en pocas palabras
nos quedamos emocionados,
en el palpitar sonoro
de una cadencia
de cuerpos con humedad.
Suenan campanas a lo lejos

y he dejado de escuchar,
porque tierna es la pasión,
pero fuertes los quejidos
y no deja el sonido precisar.
Mi vida se contorsiona
en sentimientos,
que te entrego,
y mucho te adoro
cuando más te invento.
Este amor tan dentro
que me lleva al desenfreno,
es por ti solo que lo siento.
Es amor del bueno,
cuando los dos, con olor a sexo
y extenuados de tanto sentirnos,
hemos quedado… llenos.

Bipolar

No llegues vestido de limpio
cuando traes el alma sucia
de palabras malsanas
y diciendo por el mundo
que no surgiste de la vía láctea,
que fuiste producto de la gana.
Que tu cara es una noche de fiesta,
y que tu alma está arropada
en la piedad
y la ven sin dormir siesta,
peregrina de un insomnio
que no he visto jamás.

Que incrédulos somos...
cuando sentimos
que a nuestra espalda
está sonando el tren de la vida,
ese que muchas veces
nos suena sin quererlo ver,
sintiendo su claxon para avisar
que está arribando en el fango
que dejaste en tu ayer.

No vengas diciendo
que eres un ángel en el Edén,
si todos sabemos que tienes flechas
que sabes tirar muy bien.
Y que no es solo Cupido el que lo hace,

a ese le place por amor...
pero a ti... te gusta causar dolor.

No hables de que mucho has sufrido,
si vives pagando
lo que otros no han podido.
Al menos tienes existencia
sobre la faz de la tierra.
Cuídate que antes de tiempo,
te juegue la vida una emboscada
y entonces, antes de pensarlo,
la puerta que siempre creíste abierta,
tendrás pues, que asegurarlo,
porque la hallarás cerrada.

Azul, azul, azul

Entre ese color azul del cielo
y el color intenso del mar,
mi cuerpo se sumerge
en tus delirios oscuros
y tan tiernos
para que me puedas besar.

Abro la tempestad de mi tormenta
y ahí, tú,
sentado en la ola más alta,
donde esperas para navegar.
Los dos nos iremos
sin rumbo alguno,
por ese ancho mar, tan tuyo.
Lo compartes conmigo,
naveguemos
y en un beso,
siento que nos mojamos tu y yo.

Los sabores del mar,
en sus aguas salinas
me hacen naufragar
dentro de tu húmedo cuerpo,
con pasiones tan divinas.
No me puedo sostener,
entre tiernos abrazos.

Añoramos sumergirnos
en lo profundo del deseo
donde los dos nos tendemos,
en redes sublimes,
¡contigo me veo!,
y nuestro apasionado abismo.

Es que el agua me hace calmar,
esto que por ti siento.
Sé que dentro del mar
podemos terminar.
Al vaivén de la ola
y su fuerte movimiento.

PROSAS

Peripecias de una turista refugiada

Sentir, sintiendo entre gemidos y miedos, desconociendo lo que te rodeaba, lo ibas venciendo. Es que cuando uno se apega a que te lleven de la mano, cuando estamos... nos sentimos huérfanos de lo que extrañamos, de las costumbres de lo que equivocadamente creemos nuestro, y al despertar, en la misma cubierta de la vida nos volveremos a hallar, con mal tiempo, desconcierto muchas veces de todo lo que te ofrece la vida, y que no sabemos aprovechar... despierto todos mis temores y a la popa me atreví a llegar. No conocí todo, pero les puedo asegurar que al ancho y temeroso mar que en una ocasión me pudo ahogar, a él me volveré a enfrentar.

Hoy pensé en ti

Hoy pensé en ti... en las noches acaloradas, mientras mordía con esa ansiedad los restos de tu olor en mi almohada, y cómo corrían los hilos mal entretejidos de la textura en mi piel, algo cansada de tu rica miel que entre mis palmos yo sujetaba, y otras sin querer las dejaba correr entre piernas que temblaban. No fue la noche que me tendió su trampa entre tanto derroche de emoción, fueron las veces que palpitó por ti, pidiéndote mil veces este noble corazón que estábamos cayendo en un abismo de costumbres baratas, y mi decepción fue tanta, que me escondí en tu madriguera, mirándote escapar de mis delirios como vil rata.

Ahora pienso en ti la noche entera.

Ven ahora

Que se rompe el alma y se parten las arterias de gritar esta necesidad, no miras que no puedo aguantar más, que todo cuanto hago y ejercito es para no dejar de existir colgando mi amor en ese grito. Te amo, con la pasión desgarradora que nutre mis entrañas, te clamo. Ven, ven ahora, no dejes pasar el tiempo que después será muy tarde. Ven, amado mío, estrújame entre tus brazos que ya es tiempo de revivir nuestro fracaso.

En la glorieta de la vida

En la glorieta de la vida, la que queda al descubierto, donde todos le dan vueltas y vueltas llenos de ilusión, no se agita el corazón por ver aquel caballero tan apuesto que se acerca al caminar, nos hallaremos a la vuelta, después que pase el vendaval. En esa vuelta tan ansiada miro y lo busco... la glorieta se interpone, ya toda me asusto.

¿Llegará? ¡Tanto le he esperado! De súbito me ha agarrado la mano, ya no lo puedo soltar. Gira la vida, gira la emoción, me subo a la glorieta, nos abrazamos y mil besos suenan en la constelación de estrellas que empiezan a danzar, las dulces azucenas de aquel parque de novios comenzaron a florear, y su olor penetraba en los poros calientes de caminar, por las vueltas dadas en aquella glorieta que los unió al azar.

La sonrisa

La vida es mucho más que un beso en los labios, es regalar una sonrisa y que la acepten como milagros que te ofrecen al estar vivos, por ello no concibo que a alguien le moleste la alegría. Ese no sabe concluir que una sonrisa fresca es de la vida su belleza, que te hace seducir lo más oscuro en una maleza.

¿Sabes qué es desaparecer abrazados?

Es sentir esa nube que ante ti se quiere abrir y no la has cerrado. Es sentir la noche gris que la conviertes en azul, que te quiten el velo de tul, y que desnudos en la mañana sientas redobles de campanas muy dentro de tu interior, es despertar en amor bendecida por las ganas.

Sueño de primavera

En ese color vino añejado con la figura de un pájaro, dejándose llevar por el viento que le acariciaba tierno y cálido en la madrugada, bebimos el néctar más sublime entre dos, después atravesó el arcoíris con su canto matinal, y te quitó del cuello el pañuelo primaveral de tus sueños... ¡Ay, chiquilla que sólo sabes soñar! Y volamos tan alta esfera, que supe dejar mis enaguas escondidas para que tú me vieras.

Cavilando

Cansada de expurgar las páginas que se han vuelto amarillas, y por tanto vegetar en el punto de partida, miro alrededor y es verdad, en el mundo hay tanto amor que uno no conoce y están necesitados. Detengo los pensamientos y los dejo que vuelen hasta a ti; puede que lleguen. Si algún día te veo pidiendo clemencia, ya no tendrás de mi la esencia, y lo siento... todo de ti me dará igual, quedé vacía por tu comportamiento.

Señales

¿Cómo borrar los reflejos muchas veces a tras luz?, si por donde quiera aparece una señal indicando que no hay calma, que todo se hace una amalgama de insensatez, que se disuelve el hielo entre mis manos, que la magnolia ya no crece, que el jazmín se me ha quedado enano, que el café sabe a caña sin moler, el piso no resbala y las pisadas son las de afuera, de los visitantes que apurados llegan, y te quedas de nuevo en el espacio donde ya no cabes tú, porque otro quiere, pero no sabe cómo compartir ese lado.

Incertidumbre

El día que maduren los cerezos,
no sé qué haré...
abrazarte y dejar que te vayas después.

Me gusta

Me gusta que me beses desesperadamente tierno, que me abraces con ansiedad y dulzura, que me toques todo el cuerpo y hagas en mí, mil locuras. Me gusta sentirte ausente pero dentro de mí, y es la única propiedad concluyente para saber que vives así guardado, callado, secreto, como ese amor que sin sombras no necesita del sol, porque en un gemido latiendo en realidad y sueños intermitentes permanece en la humedad. Mira mis labios pidiéndote en súplicas de amor... que entres ya.

Ingratitud

Dos se aman y entregan lo más bello del querer, se anidan a un placer fuera de lo normal, un día lo podrás hallar prefiriendo a una ramera. La vida es muy placentera y nos pone pruebas duras, ¡quién diría...!, a esa le verá la arruga estirándola noches enteras.

El triángulo

Me gustan las camas redondas que tengan seguridad para un cuerpo en movimiento, vivo, reluciente y sin tachaduras, como sucede con los grafitis en las paredes, que no tengan letreros visibles, sólo las cicatrices que producen esos largos caminos que no saben a dónde te lleva la pasión de un quejido o un suspiro a granel.

Me gustan las líneas horizontales porque no tienen fin, así me nutro de las cosas pequeñas para que no se acaben y me lleven al triángulo, y no es el de Las Bermudas encerrando muerte, pasión con dolor para llegar al clímax que aspiras.

Satisfacciones de muchos y egoísmos de otros, saturando la médula de la credibilidad. Llegas, y cuando estás en el mismo centro, (vórtice u ojo del huracán) piensas arrepentido que no debiste cruzar los arrecifes tan puntiagudos en estos tiempos tan oscuros. Que debiste analizar el camino maquiavélicamente como lo hacen muchos.

Magallanes no fue el único que supo hacer sus trampas tratando de alcanzar el triángulo, estamos todos los días en aras de la conquista, y hay subidas de mareas tan climáticas, que el mal tiempo que se nos avecina no nos cubre del todo, y salimos airosos y nos damos cuenta que debemos enfrentarnos a más... porque eran tan gemelas esas dos torres y sucumbieron por la codicia y la maldad de muchos, y aunque no iguales, se vuelven a levantar.

Las camas redondas... me siguen gustando pero si son cuadradas y no un cuadrado perfecto, me puedo revolcar con todo ese cuerpo que a veces no cabe en todas las injusticias del mundo.

Hoy, dormida en el suelo, despierto. No hay triángulo más poderoso y dominante que el que seamos capaz de obtener con nuestro esfuerzo y sin redondear tanto. PAZ, AMOR y ALEGRÍA, en ese triángulo estaré esperando a que te decidas. Entra, que el mundo es redondo y nos ofrece solo una vida.

No traigas tu cama, compartiremos la que creo que es mía.

Hablando contigo

Cuántas veces no te dije que tuvieras cuidado al cerrar la puerta, podía venir un fuerte viento arrasando la trastienda, echando a perder el fruto de nuestra huerta, y te hacías el disimulado, como quien quiere echarle tierra al pasado.

Tantas veces te miré queriendo ocultar tu doblez, y no sabes que te conozco tanto, que te descubriría hasta vuelto al revés.

He pensado mucho, se pudiera decir que demasiado, porque cuenta nunca te diste que tenías una completa mujer a tu lado, que siempre te sentí y que nunca en la entrega te mentí, Te lo di todo, compartí las miserias contigo y mis exigencias eran preámbulos ante el que creí mi verdadero amigo.

El tiempo, precursor de hechos de todo tipo, nos muestra que para cada ser, por mucho que le puedas querer, la sobre carga de amor es una gloria de nuestro sentir y nunca podrá ser mito.

Ahora abrazo al aire, al tiempo lo detengo en mis neuronas y me satisface haber lanzado un gemido de dolor en ese adiós que te llevaste en la aurora de mi amanecer, diciendo ahora que ya "no sientes el mismo amor"; es que tampoco para ti existió el querer.

Al hablar contigo, ante la hoja blanca que repudiaste y donde duerme mi poesía, ¡qué estupidez la mía! creer que a ella alguna vez, como a mí, la amaste.

Te engañé mil veces con Becker, Benedetti, Neruda, Lorca, Darío, Buesa, hasta sabor sentí en la Mistral, en Alfonsina, en la mujer escritora que entre letras sabe entregar, no lo poco ni lo mucho, pero en sí, lo da con todo frenesí que se convierte en antorcha de auroras.

Y mira, si volvieras a estar, con mis amigos poetas te volvería a engañar, este amor para mí es el más fiel, el que al leer sus sentimientos hacen sentir llena de contento, y me vuelve gaviota fuera de su lecho con temblores de pasión y llevar en mi corazón una prosa, un verso travieso, anhelante que me haga sentir el ave amante refugiada en tu adorado pecho.

Hablando conmigo

Duele la espera de lo que dejamos detrás, del sol que nos calienta la espalda, esa sombra que parece más que espanto... nostalgia del ayer que quise tanto, y mirando para el techo, como disimulando, le doy los buenos días a mis alegrías con desencanto.

Por no poder negar la verdad, porque empecé demasiado temprano a conocer la honestidad. Me enseñó mi gran maestro de primaria, que la verdad en la vida era necesaria para poder subsistir, hoy cargo con ella como esa gota de sustancia diaria que necesito para mi alimento, es la que me hace vivir.

Mi verdad se oculta entre mis poros, soy una gota frágil que no se quiebra porque lleva alto el decoro.

De haber vivido todas mis realidades, y ante las falsedades, me he sabido crecer, no le temo a nadie, a todo me enfrento, y desde ese momento a todos puedo entender.

Existe el honrado, cl delincuente, el más despreciado y el menos decente. Pero ante todos estás tú, prevalece como sientas que es la mejor manera, sé tú dondequiera y por mucho que te enfrentes a las realidades de los demás.

Los hay que el alma la llevan con crueldad y caminan sin rumbo. Ante ese infeliz me sorprende una carcajada y los catalogo de trotamundos. Ser como uno quiere... luz, guía, serenidad, ejemplo, bondad, plena alegría, la satisfacción de dar felicidad, ser mucho más, pasión, locura de amor, sexualidad, lujuria justiciera, tener algo de hechicera, todo lo que creas que a los demás el bien puedas dar, al subir tus pensamientos pide paz en cualquier momento

ANTE ESTE MUNDO TAN CRUEL.

Se arcilla, segmento de tiempo, el arcoíris abierto ante un imposible silencio que permanece postrado y que quiere decir porque más no puede callar.

Sé tú siempre, y que el mundo no te pueda intimidar.

Reflejo

Por más que uno mira a lo lejos buscando lo que cerca no hallas, se nos aglutinan los reflejos, sólo distancia y soledad nos sirven de muralla ante el dolor. No te alejes, por favor, acércate y cuenta, todo ese borde de la luna nos servirá de protección a tus indelebles pasos, y en su blancura, alma llanera, polvo, sol, tierra y fortuna... yo alumbrando como sol.

De tu reina descalza

Esta complicidad de amor me fascina, es verme en el registro de tu mirada cristalina en deseo y me llena de locura, es contemplar mi figura que danza entre tus poros, con esa imaginación ciega y el decoro, sabes que igual estoy repleta de tus formas y maneras, y abro mi vida, entrega de nuevas primaveras.

Andares

El aire despeina mis ilusiones que danzan en este estado de sitio...
alocadas y faltas de promesas, casi todas brotan desde lo alto y
ninguna llega a ti. Despeino mis andares de gaviota buscando ra-
yos de violetas silvestres, el campo está minado de amenazas que
no prometen el porvenir, hay un pino verde que se enarbola que-
riendo tocar al cielo, todos están en silencio, se rompe la estrella
imperial, ya no creemos en sueños de gacelas, hemos llegado al
punto que teníamos que llegar, un cielo nuevo, abierto para todos,
debemos alcanzar.

Desesperanza

Los pies tropiezan con una superficie calcinada de desesperanzas, y se hace difícil transitar sin querer mirar ya lo que no se puede, en ese trasiego pasa una nube que se desvanece de dolor conduciéndose con cierto temor, porque en la inmensidad de la noche las luciérnagas salen en la oscuridad, buscando de ese sol que nos de claridad, calmando una ceguera de sueños que ya no vuelven más.

Índice

Prólogo.. 3

El presente es hoy.. 5

Esta ilusión... 6

Quince lunas en una habitación...................................... 7

¿Dónde te voy a encontrar?... 8

Santa, santa... 9

Mi otoño... 11

La ciudad tranquila.. 12

Me gusta... 13

Todo tiene su color.. 14

Pienso en ti... 15

Y llegas tú.. 16

¿Dónde puedo?... 17

Entremos... 18

Belleza incomparable... 19

A mi niña Salomé... 21

Sólo pido.. 22

¿Dónde andará?.. 23

Éxtasis.. 24

Como Alondra.. 25

Dime, ¿eres poesía?.. 26

Mis senos... 27

Un día de marzo.. 29

Volver a empezar... 30

Quiere matar al amor... 31

Antes no te vayas.. 34

Estás... 35

Palomas repartidas... 36

Si ves.. 37

Te sueño de nuevo.. 38

Ya no... 39

El adulterio.. 40

Mis manos en el mentón.. 41

Surgir.. 42

Yo seré.. 44

Y yo quería... 46

La mirada.. 48

¡No me faltes nunca, amor!... 49

Alimento de amor.. 51

Besos hechiceros... 52

Mi amor y Buesa... 53

Traición... 54

Boleando auroras.. 55

Esta intuición.. 57

Traigo.. 59

Ese "qué".. 60

La fuente luminosa.. 61

La primera vez.. 63

Aparécete.. 64

Nadando afuera... 65

Será... 66

Arrastrándote.. 67

La vida es un teatro... 69

Definiendo.. 70

Amor en el bosque.. 71

Si un día de esos... 73

Tu poesía... 75

¡Gracias, vida!.. 76

Algas y lino... 78

A un hombre.. 79

¿Quién siente más?... 81

A veces.. 83

Renuncio al hombre.. 85

Amor mudo.. 87

Como luna llegaré... 89

Ilusa juventud... 91

Imaginas.. 93

Hoy he pensado en ti... 94

Bipolar.. 96

Azul, azul, azul.. 98

Prosas

Peripecias de una turista refugiada............ 101
Hoy pensé en ti............ 102
Ven ahora............ 103
En la glorieta de la vida............ 104
La sonrisa............ 105
¿Sabes qué es desaparecer abrazados?............ 106
Sueño de primavera............ 107
Cavilando............ 108
Señales............ 109
Incertidumbre............ 110
Me gusta............ 111
Ingratitud............ 112
El triángulo............ 113
Hablando contigo............ 115
Hablando conmigo............ 117
Reflejo............ 119
De tu reina descalza............ 120
Andares............ 121
Desesperanza............ 122

Este libro ha sido editado y publicado por:
EM Editorial
355 W Elizabeth St. Ste. 104,
Brownsville, TX. 78520 U.S.A.
Registro: 2018-00016826
Cameron County, TX.

www.emeditorialservices.com